LE

MARIAGE

ROMPU,

PANTOMIME VILLAGEOISE.

LE MARIAGE ROMPU,

PANTOMIME VILLAGEOISE EN TROIS ACTES,

MÊLÉE DE DANSES,

Représentée, pour la première fois, à Paris, sur le Théâtre de la Porte St.-Martin, le 19 Octobre 1816.

PARIS,

Au Théâtre de la Porte-Saint-Martin.

De l'Imprimerie de HOCQUET, rue du Faubourg Montmartre, n°. 4.

1816.

PERSONNAGES   Acteurs.

Le Comte DE MELCOURT ,
  Seigneur du village . . . . M. *Moëssard.*

ROSINE , fille de M. de Melcourt, passant pour Su-
  zette , fille de Mathurin. Mme. *Quériau.*

MATHURIN , fermier . . . M. *Pascal.*

MATHURINE , sa femme . Mlle. *Révalard.*

SUZETTE , fille de Mathu-
  rin , passant pour Rosine ,
  fille de M. de Melcourt. Mme. *Darcourt.*

NICAISSE , paysan niais. . M. *Pierson.*

RICHARD , fermier. . . . M. *Sévin.*

FÉLIX , son fils . . . . . M. *Henry.*

LE TABELLION . . . . . M. *Breton.*

Postillons, suite de M. de Melcourt.

Paysans , Paysannes.

La scène se passe dans un village de France.

La Pantomime est de M. Louis HENRY.

La musique arrangée par M. Piccini.

LE MARIAGE

ROMPU,

Pantomime villageoise en trois Actes,

MÊLÉE DE DANSES.

ACTE PREMIER.

Hameau.

SCENE PREMIERE.

Tous les villageois sont rassemblés pour célébrer la fête de mademoiselle de Melcourt.

SCENE II.

Le Comte et sa fille viennent assister à la fête ; les jeux commencent, les prix sont distribués aux vainqueurs. Il est aisé de remarquer combien Nicaisse déplait à Suzette; qu'elle préfère Félix, et en est aimée.

Mathurine paraît avoir un profond cha- grin ; Mathurin au contraire est fort gai.

SCENE III.

Le tabellion donne un signal, chacun se retire. Le comte se dispose à suivre Mathu- rin et sa famille, lorsque le tabellion lui présente Félix qui aime Suzette, et le con- jure de s'intéresser à ce brave garçon. Le comte ne voulant pas s'expliquer devant le jeune homme, prend à part le tabellion, lui dit quelque chose à l'oreille, et s'éloigne.

Félix est fort inquiet; il croit que mon- seigneur veut s'opposer à son mariage, et se désespère; le tabellion, sans vouloir le tirer de peine, l'entraîne malgré lui.

Le Théâtre change et représente l'intérieur de la chaumière de Mathurin.

SCENE IV.

Nicaisse obsède Suzette en lui faisant la

cour , reçoit plusieurs mortifications , et se met à pleurer comme un enfant.

SCÈNE V.

Des fleurs apportées de la fête, Suzette forme une guirlande qu'elle place sur le berceau de mademoiselle de Melcourt. Nicaisse veut s'en emparer, ne peut y parvenir , et devient furieux.

Rosine arrive sur ces entrefaits , le gronde, et remercie sa bonne sœur de lait, de se rappeler toujours d'elle.

Mathurine , à.la vue de mademoiselle de Melcourt, ne peut retenir ses pleurs. Rosine s'en apperçoit , lui demande le sujet de son chagrin, et cherche à la consoler. La paysanne répand de nouvelles larmes, fixe Rosine avec attendrissement, veut lui parler ; les sanglots la suffoquent, elle ne peut que la presser contre son sein, en poussant de profonds soupirs.

SCENE VI.

M. de Melcourt s'avance et jouit du plaisir de voir sa fille dans les bras de sa mère nourrice.

Rosine n'est point fière, Rosine est bonne et semble combler les vœux du comte qui, s'appercevant que Mathurine est en pleurs, veut en savoir la cause. Mathurine se remet, lui fait entendre que la joie seule a fait couler ses larmes, et lui offre un siège. Rosine présente à son père le berceau dans lequel elle fut élevée. M. de Melcourt y jette adroitement une bourse sans être remarqué des paysans. Nicaisse tout nigaud qu'il est, s'en est pourtant apperçu, et se hâte d'en instruire Mathurine, qui veut la rendre au comte. Nicaisse pendant ce tems va chercher le berceau de Suzette, et le montre à monseigneur, qui s'empresse d'y jeter la bourse qu'on vient de lui rendre. Mathurin et sa femme impatientés de toutes ses sottises, veulent le chasser ; il s'attache aux vêtemens du comte, et parvient à obtenir la permission de rester.

SCENE VII.

Le tabellion amène Félix et son père. Le

pauvre garçon, à la vue de monseigneur, n'ose entrer. Le comte riant de sa timidité, lui fait signe d'approcher. Richard le pousse par les épaules.

Le tabellion, à qui monseigneur donne un coup-d'œil, fait la demande à Mathurin, ainsi qu'à sa femme, de la main de leur fille pour Félix. Les bonnes gens, après avoir consulté monseigneur, qui dit qu'il faut s'adresser à Suzette, font avancer cette dernière, et lui permettent de s'expliquer librement. Suzette au comble de ses vœux, avoue naïvement qu'elle ne demande pas mieux que d'être la femme de Félix. Nicaisse qui s'était persuadé qu'elle refuserait, devient encore furieux et veut s'opposer à leur union. Le comte lui fait entendre que ce mariage aura pourtant lieu, et pour l'en dédommager, lui donne la bourse refusée par les parens de Suzette; Nicaisse qui préfère l'or à une femme, saute comme un fou, en témoignant sa reconnaissance à monseigneur.

SCENE VIII.

Félix est aux pieds du comte, tout le monde imite son exemple. Richard prend un baiser sur le front de sa bru, et Mathurin oblige Félix à embrasser Mathurine, qui, quoiqu'elle veuille affecter d'être gaie, laisse entrevoir qu'elle est dévorée par les remords. Le comte s'éloigne en jouissant du bonheur de se voir bénir par les heureux qu'il vient de faire.

Fin du premier acte.

ACTE II.

Place du Village.

SCENE PREMIÈRE.

(Il fait à peine jour.)

Félix devance l'aurore pour apporter à Suzette son bouquet de mariée, avec une couronne de fleurs.

SCENE II.

Suzette reçoit, avec un plaisir extrême, le bouquet et la couronne présentés par Félix. Ce dernier, malgré sa timidité, tombe aux genoux de sa future, et vient obtenir d'elle l'aveu qu'il en est aimé. Suzette, toujours naïve, assure qu'elle fera son bonheur, et tous deux se peignent avec transport la félicité dont ils jouiront dans leur ménage.

SCENE III.

Les garçons et les jeunes filles du village arrivent en dansant ; les ménétriers les précèdent, le comte et sa fille les suivent.

SCENE IV.

Rosine va chercher Suzette ; le tabellion dispose le contrat.

SCENE V.

Rosine amène la mariée , Richard, le marié , qui chacun reçoivent des cadeaux du seigneur et de sa fille,

Les parens signent le contrat, ainsi que les époux et le comte.

Avant de partir , Suzette et Félix demandent la bénédiction à leur père et à leur mère ; les habitans du village adressent au ciel une fervente prière pour leur commun bonheur. Au moment d'entrer à l'église , Mathurine est prête à se trouver mal : rassemblant ses forces, elle fait un effort sur elle-même et suit sa fille à l'autel :

SCENE VI.

Les paysans restés sur la place s'agenouillent avec respect pendant le temps de la cérémonie.

SCENE VII.

Félix et Suzette, au sortir de l'église, s'agenouillent aussi avec un profond respect, en remerciant Dieu de sa bonté infinie ; les ménestriers reprennent leurs instrumens ; tout respire la gaîté , et le comte ordonne qu'on célèbre la noce.

Mathurine seule , détournant ses regards d'un spectacle qui augment le trouble de son âme, immobile, les yeux fixés à terre, semble privée du mouvement. Cédant à la voix du remords , elle interrompt la fête et veut révéler le secret qui cause sa douleur, chancelle et tombe dans les bras de son mari. Revenue de son évanouissement soudain, elle se précipite aux pieds du comte en implorant de lui un pardon généreux ; lui apprend que celle qu'il croit sa fille , n'est autre que Suzette, et que Suzette est la véritable Rosine de Melcourt. Le comte reste attéré et comme frappé de la foudre : sa fille est la femme d'un simple paysan, et ceux qu'il comble de ses bienfaits sont cause d'une mésalliance dans sa famille. Cédant pourtant au premier mouvement de la nature, il presse dans ses bras la véritable Rosine, et la beigne de pleurs. Suzette, dont le cœur est excellent, ne rougit point de reconnaître sa mère dans une paysanne, et se jette à son cou. Le comte, après avoir cédé aux premiers mouvemens de son âme, ordonne à Rosine de ne plus penser à Félix, et à ce dernier de ne jamais reparaître devant lui ; déchire le contrat, ordonne que le mariage soit cassé, fait entraîner sa fille, lance un regard terrible à Mathurin, à sa femme, et laisse Félix expirant de douleur.

Fin du deuxième Acte.

ACTE III.

Intérieur du parc de M. de Melcourt.

(Le jour commence à poindre.)

On voit un petit tertre de gazon nouvellement élevé en forme de tombeau, et au-dessus duquel des gens de M. de Melcourt sont occupés à former ces mots en lettres de fleurs.

(A FÉLIX.)

SCENE PREMIERE.

Tout étant disposé selon ses désirs, le comte ordonne à ses gens qu'on amène Félix et son père.

SCENE II.

Le comte fait donner à Félix un grand manteau afin qu'il ne soit point reconnu, et lui ordonne de suivre les postillons, lui signifiant impérieusement d'exécuter ses volontés. En vain Félix embrasse les genoux de M. de Melcourt et cherche à le fléchir, l'idée d'abandonner Rosine sans lui dire un dernier adieu déchire son âme. Il craint que la nouvelle de son trépas ne conduise cette infortunée au tombeau ; cependant la volonté du comte est qu'il passe pour mort aux yeux de Rosine ; il doit obéir sans différer. Son père l'en conjure en le baignant de ses larmes. Les gens de M. de Melcourt l'entraînent.

SCENE III.

M. de Melcourt ordonne au vieux Richard d'affecter une fausse douleur qui puisse persuader à Rosine que Félix n'existe plus, et le menace de faire retomber tout son courroux sur le jeune homme, s'il hésite à suivre ses ordres. Le vieux Richard s'éloigne le désespoir dans le cœur. Le comte s'éloigne aussi.

SCENE IV.

Suzette, revêtue des habits convenables à
sa naissance, s'avance vers le château, dont
on lui refuse l'entrée : attribuant sa mau-
vaise réception à son changement de for-
tune, elle s'en console, et se dispose à partir.

SCENE V.

Nicaisse arrive en sautant, heurte Suzette
avec violence, et manque de la renverser à
terre. Il s'excuse avec des manières si gau-
ches, que Suzette ne peut s'empêcher d'en
rire. Le nigaud se persuade que c'est une
marque de bienveillance, lui fait une belle
déclaration d'amour, et lui propose d'en
faire sa femme.

SCENE VI.

Rosine accourt toute échevelée; instruite
que Félix a perdu la vie, elle vient pleurer
sur sa tombe. Le comte, craignant que la

vue d'un si triste monument n'affecte par
trop son âme, cherche à l'en éloigner. Rosine se débarrasse de ses bras, lui reproche
la mort de Félix, le fuit avec horreur, et lui
annonce qu'elle veut mourir près du cer-
cueil de son époux.

SCENE VII.

Appercevant Mathurin, sa femme et Richard qui viennent confondre leurs larmes
avec les siennes, Rosine s'élance dans les
bras du premier, faisant entendre à M. de
Melcourt qu'elle ne reconnaît d'autre père
que ce bon vieillard. Le délire s'empare de
ses sens. Elle conduit Mathurin vers le tertre, lui dit que Félix repose sous le gazon,
qu'elle veut l'aller rejoindre, tombe à terre,
et cherche à l'entr'ouvrir pour se frayer un
passage.

Soudain elle croit voir Félix, le presser
dans ses bras : vaine illusion qui ne tarde
point à se détruire ; elle retombe sans con-
naissance. Le comte attendri va pour lui
découvrir la vérité ; mais, à son approche,
elle le fuit comme son plus cruel ennemi..

Félix n'a pu se décider à quitter le village sans voir Rosine, et s'est échappé des mains des gens du comte qui sont à sa poursuite. Pâle, défiguré, hors d'haleine, il arrive jusqu'au château. Rosine en l'appercevant, jette un cri perçant, et se précipite dans ses bras. Sa tête défaillante tombe sur le sein de Félix qui, un genou en terre, conjure le ciel de la rendre à la vie. Elle ouvre les yeux, presse encore son époux dans ses bras, et désormais ne veut plus l'abandonner. La comte n'a pas la force de les séparer, il pardonne et les unit.

TABLEAU GÉNÉRAL.

FIN.